O **UNICÓRNIO** FLECHOU O CORAÇÃO DE TODOS NÓS.

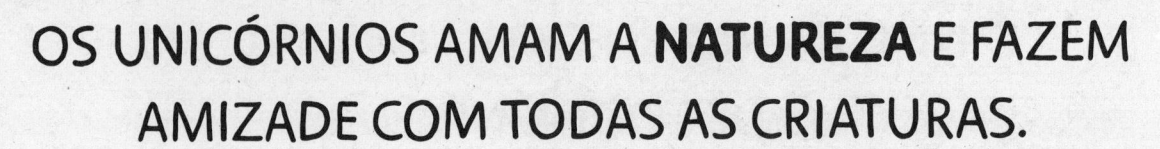

OS UNICÓRNIOS AMAM A **NATUREZA** E FAZEM AMIZADE COM TODAS AS CRIATURAS.

SURPRESA! O UNICÓRNIO CHEGOU PARA COLORIR O MUNDO COM SUA ALEGRIA.

QUEM NÃO AMA UMA **MUSIQUINHA**?
O UNICÓRNIO NÃO É DIFERENTE!

O UNICÓRNIO **DORME** CEDINHO PARA PODER APROVEITAR BEM O DIA SEGUINTE.

NO **ESPAÇO**, O UNICÓRNIO EXPLORA TODOS OS ASTROS!

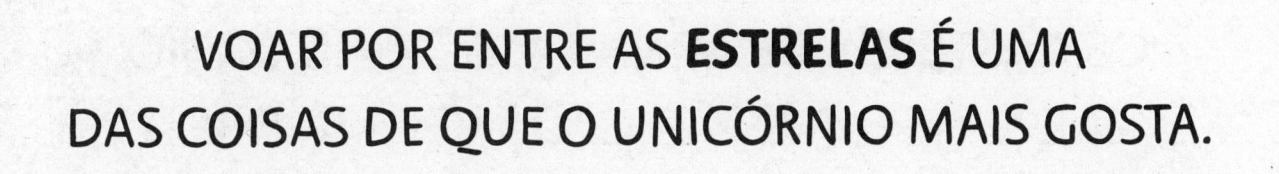

VOAR POR ENTRE AS **ESTRELAS** É UMA DAS COISAS DE QUE O UNICÓRNIO MAIS GOSTA.

OS CASTELOS DE AREIA QUE O UNICÓRNIO FAZ NA PRAIA ESTÃO CADA VEZ MAIORES!

PULAR CORDA DEIXA O UNICÓRNIO FELIZ E DISPOSTO.

CUPCAKE É O DOCINHO FAVORITO DO UNICÓRNIO.

O UNICÓRNIO É AMIGO DAS CRIATURAS MARINHAS E USA UM **SNORKEL** PARA VISITÁ-LAS.

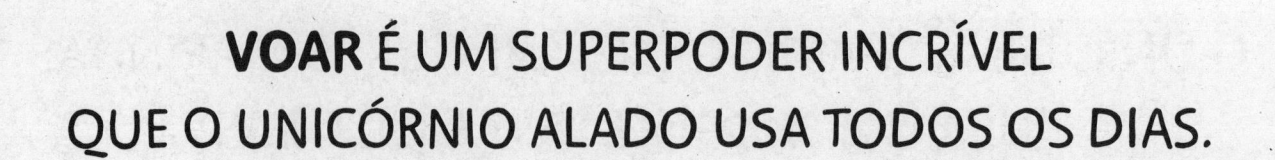

VOAR É UM SUPERPODER INCRÍVEL QUE O UNICÓRNIO ALADO USA TODOS OS DIAS.

O UNICÓRNIO ADORA **BICHINHOS DE PELÚCIA**, E O GATINHO É O SEU FAVORITO.

PÔR O PÉ NA **ESTRADA** DEIXA O UNICÓRNIO FELIZ E RELAXADO.

DEPOIS DE TANTO BRINCAR, O UNICÓRNIO SE PERMITE DORMIR E **SONHAR**.

É MUITO BOM VIVER A **MAGIA** DE SER UM UNICÓRNIO!